LETTRE

A MONSIEUR LE MINISTRE

DES AFFAIRES ÉTRANGÈRES

A L'EFFET D'OBTENIR

L'EXÉCUTION DU PROJET DE TRAITÉ NÉGOCIÉ LE 29 DÉCEMBRE 1886

AVEC LE MINISTRE DES FINANCES A LISBONNE

ET RATIFIÉ PAR LE COMITÉ DES PORTEURS LE 24 FÉVRIER 1887

PARIS

IMPRIMERIE DE LA SOCIÉTÉ DE TYPOGRAPHIE

NOIZETTE, DIRECTEUR

8, RUE CAMPAGNE-PREMIÈRE, 8

1889

A MONSIEUR LE MINISTRE DES AFFAIRES ÉTRANGÈRES

Monsieur le Ministre,

Les soussignés, membres de la Commission syndicale des Porteurs de l'Emprunt Portugais 1832, et principaux porteurs dudit Emprunt, ont l'honneur de s'adresser de nouveau à votre haute intervention pour obtenir qu'il soit donné une suite efficace à la décision prise par la Chambre des Députés en leur faveur et dont les conclusions sont ainsi formulées au *Journal officiel* du 12 juillet 1880 :

« La 19ᵉ Commission, saisie de cette importante affaire, après avoir pris connaissance des nombreux documents qui lui ont été soumis, n'a pas hésité à reconnaître, avec tous les jurisconsultes précédemment consultés, qu'en principe et en droit, les réclamations des porteurs de titres de l'Emprunt portugais de 1832 *étaient fondées*, mais elle n'a pas pu méconnaître que toute nouvelle intervention diplomatique échouerait nécessairement, si les prétentions des intéressés n'étaient pas réduites aux proportions les plus modestes, et si les réclamations du Gouvernement français ne se concentraient pas sur un point *limité, précis et indiscutable*, échappant aux controverses du droit international, *ne relevant, pour ainsi dire, que de la probité la plus vulgaire*.....

« En laissant de côté la question de savoir si Dom Miguel, **en possession depuis six années du pouvoir royal, a pu valablement engager ses successeurs au trône et la nation portugaise pour les sommes qu'il a empruntées et touchées lui-même de prêteurs étrangers**, il est prouvé et il *ne peut pas être contesté* que le Portugal doit aux porteurs de l'emprunt de 1832 une somme de 2 millions de francs touchée de 1834 à 1842, **PLUS LES INTÉRÊTS DE CETTE SOMME, DEPUIS L'EPOQUE DE L'ENCAISSEMENT.**

« En conséquence, la 19ᵉ Commission des Pétitions est d'avis que la réclamation des membres de la Commission syndicale des porteurs de titres de l'emprunt portugais 5 0/0, de 1832, réduite aux proportions ci-dessus indiquées, c'est-à-dire à la revendication des sommes touchées par le gouvernement de Dona Maria, après la chute de Dom Miguel, et des intérêts de ces sommes **est absolument fondée et légitime, que le Gouverne-**

ment français doit employer **toute son influence** pour la soutenir vis-à-vis du **Gouvernement portugais qui ne pourra se soustraire** *à cette sage transaction* **sans
manquer, nous le répétons,** *à la* **PROBITÉ LA PLUS VULGAIRE, ET S'EX-
POSER A PERDRE TOUT CRÉDIT EN EUROPE.**

« La 19e Commission, à **L'UNANIMITÉ**, a l'honneur de proposer le renvoi de cette
pétition à M. le Ministre des affaires étrangères (*Renvoi au Ministre des affaires
étrangères*). »

Ces conclusions n'étaient elles-mêmes que la conséquence d'un procès
mémorable intenté à plusieurs porteurs originaires par le Gouvernement portugais, espérant ainsi s'ouvrir par la force le marché de Paris (1). Le jugement
et l'arrêt suivant rendu après neuf audiences consécutives avaient ainsi préala-
blement défini la conduite de ce Gouvernement envers nos nationaux :

JUGEMENT DU TRIBUNAL DE LA SEINE.
Président : **M. LŒW**
8 *Janvier* 1880.

Le Tribunal :.....

« Attendu qu'il importe de rappeler que l'emprunt portugais en question a été contracté en 1832 sous le *règne* du roi D. Miguel Ier, alors en possession paisible **du pouvoir
que les Cortès lui avaient déféré le 11 juillet 1828**, et qu'il a été publiquement
émis et coté à la Bourse de Paris au mois d'avril 1833 ;

« Que d'autre part une partie des fonds provenant de cette opération est entrée **dans**
la caisse du gouvernement qui a succédé à celui du roi D. Miguel Ier ;

« Que pour faciliter l'encaissement de ces fonds, le *nouveau gouvernement* a, à deux
reprises, en 1833 et en 1840, **officiellement déclaré** que toutes sommes recouvrées ou
à recouvrer seraient *réparties* entre ceux auxquels elles appartiennent ;

« Que conformément à ces déclarations, ces sommes figurèrent aux budgets portugais,
dans un chapitre spécial des recettes extraordinaires jusqu'en 1841, époque où ce chapitre
disparut et où les ressources provenant de l'emprunt furent confondues dans la masse
du budget ;

« Qu'enfin depuis 1833, le service de l'emprunt a été arrêté.....

« Que l'on ne peut oublier davantage que toute justice régulière étant fermée aux
porteurs de l'emprunt, l'unique arbitre entre eux et le Portugal étant le Portugal lui-
même, le jugement de l'opinion publique était le seul auquel ils pussent recourir, et
qu'il y aurait **déni de justice** à leur imputer à faute de l'avoir provoqué ;.....

« Attendu, d'ailleurs, que l'on peut exiger **d'un créancier d'État impayé** la même
réserve que celle qui s'impose entre créanciers et débiteurs privés, la situation d'un

---

1. En 1879 le Gouvernement portugais voulant s'ouvrir le marché de Paris fermé depuis 1832 alloue cinq
millions de commission sur 28 millions aux financiers qui se chargent d'entreprendre la lutte. Cette lutte **se**
produit par affiches et fait échouer l'emprunt. Le chargé d'affaires portugais intente alors aux auteurs
des affiches un procès en diffamation qui aboutit après défaut prononcé le 30 août 1879 aux jugements
suivants (*Voir* le Droit *des* 31 *août*, 24-25 *décembre* 1879, 8-9 *janvier*, 15 *juillet* 1880).

,Etat comme aussi **les garanties de solvabilité** qu'il peut offrir **ressortant avant tout de la publicité ;**...

« **Condamne le Gouvernement Portugais** à tous les dépens. »

ARRÊT DE LA COUR DE PARIS
Confirmant ce jugement.
17 *Juillet* 1880.

La Cour :

« Sans s'arrêter aux conclusions des parties tendant, dans des buts et à des points de vue divers, à l'appréciation de :

L'ATTITUDE du Gouvernement portugais vis-à-vis des porteurs des obligations de **L'EMPRUNT PORTUGAIS DE 1832**, conclusions désormais sans objets ;

CONFIRME LE JUGEMENT DONT EST APPEL. Lequel sera exécuté **SELON SA FORME ET TENEUR ;**

CONDAMNE LE GOUVERNEMENT PORTUGAIS aux dépens de première instance et d'appel. »

Une situation aussi nette pour les réclamants établie tout à la fois par la Justice et le Parlement semblait alors devoir leur assurer une prompte satisfaction. Cependant après neuf années écoulées, ils se voient encore aujourd'hui obligés de recourir une fois de plus à la haute protection du Gouvernement français.

La raison de cette situation anormale se trouve expliquée par la lettre envoyée à la Chambre le 23 novembre 1880, par votre prédécesseur, en réponse au renvoi fait par la Chambre du 12 juillet précédent.

Cette lettre rappelle une objection fondamentale, tirée de la difficulté de faire une répartition équitable entre les réclamants, objection mise en avant depuis 1862 par le Gouvernement portugais, et formant les conclusions du rapport présenté au Sénat impérial, le 2 juillet 1862, par M. le président Bonjean :

Réponse du Département des Affaires Étrangères à la Chambre des députés à propos de la pétition des porteurs de l'Emprunt Portugais 1832, s'appuyant sur le Rapport Bonjean.

Le Gouvernement reste libre d'apprécier, s'il est juste et politique d'intervenir en leur faveur. Dans l'espèce, cette question a été résolue contrairement aux vœux des pétitionnaires. Les motifs en sont exposés dans le rapport présenté au Sénat impérial en 1862, par **M. le président Bonjean**, et dont je crois devoir remettre le texte sous les yeux de la Chambre. L'examen auquel j'ai, moi-même, soumis les éléments du débat ne m'a pas permis le dire, **d'arriver à d'autres conclusions.**

(Journal officiel du 24 *novembre* 1880.)

Or voici, Monsieur le Ministre, ces conclusions de 1862, auxquelles se réfère votre prédécesseur :

Conclusions du Rapport Bonjean tirées de l'impossibilité d'une répartition équitable entre des Titres ne représentant pas les mêmes droits.

Comment établir une répartition équitable entre des Titres qui se ressemblent tous? Dans l'impossibilité absolue où l'on se trouve de discerner les Porteurs sérieux de leur bien plus grand nombre qui ne le sont pas, comment faire application du principe d'équité sur lequel repose le troisième chef de demande, et qui consiste à dire:

Vous avez reçu mon argent, restituez-le moi.

« Dans ces circonstances, Messieurs les Sénateurs, le département des Affaires étrangères, après un mûr examen, a pensé qu'une intervention diplomatique ne pouvant plus offrir désormais aucune chance de succès, *il convenait de s'en abstenir.*

(*Journal officiel* du 2 juillet 1862.)

Toutefois, Monsieur le Ministre, votre prédécesseur terminait sa lettre du 23 novembre 1880, en assurant les intéressés que, lorsqu'ils s'adresseraient à la bienveillance et à l'équité du Gouvernement portugais, ils trouveraient son département tout prêt à les suivre dans cette voie.

Un double but s'imposait donc aux réclamants aux termes de cette lettre et avant de recourir de nouveau à votre bienveillance.

1º Apaiser par une attitude conciliatrice l'état des esprits de Portugal et rendre la solution facile aux ministres portugais.

2º Provoquer, de la part du Gouvernement portugais, l'acceptation d'un mode de répartition équitable pour mettre à néant l'objection produite.

Ces deux buts ont été atteints aujourd'hui.

1º Pendant plus de six années, un représentant des Porteurs a séjourné à Lisbonne, où il a recueilli les approbations écrites des principaux hommes d'État et jurisconsultes portugais entre autres l'avis du ministre actuel de la justice, M. Beirao. En juin 1885, le Ministre des Finances, M. Hintze Ribeiro lui a fait connaître enfin, par une lettre officielle, que dans la session législative suivante, le Gouvernement *ferait connaître le mode à suivre dans cette liquidation.*

2º Le 29 décembre 1886, l'ancien Président du Comité des Porteurs a négocié avec le Ministre des Finances un *projet de traité divisant les titres en trois catégories A, B, C, suivant l'époque de leur émission* et en conformité parfaite avec l'objection fondamentale toujours mise en avant depuis 1862.

Ce projet de traité a été lui-même approuvé ensuite, le 21 février 1887, à *l'unanimité*, par le Comité représentant tous les porteurs de titres (1).

Seule, une circonstance purement fortuite, l'indiscrétion d'un imprimeur survenue à la veille d'élections générales, à Lisbonne, a forcé le Gouvernement portugais à en reculer l'exécution.

Donc la situation est aujourd'hui conforme aux désirs exprimés le 23 novembre 1880 dans la réponse de votre prédécesseur.

L'objection du rapport Bonjean est détruite. Rien ne s'oppose plus à ce que la décision du Gouvernement, en date du 12 juillet 1880, reçoive son exécution pleine et entière, c'est-à-dire que le Gouvernement français emploie toute son influence en faveur des nationaux, pour que ce projet de traité vienne le plus tôt possible à exécution.

En outre, un fait tout récent qui vient de se produire en Portugal semble faciliter encore cette tâche.

Le Gouvernement portugais, qui avait déjà reconnu et payé deux emprunts intérieurs émis sous D. Miguel, vient encore de payer, le 12 février courant, 459 contos soit trois millions de francs à titre d'indemnité, après 50 années de réclamations infructueuses, aux anciens fermiers des tabacs, qui avaient contracté à Lisbonne en 1830 sous D. Miguel, et avaient été ensuite dépossédés par D. Pedro en 1833. Bien mieux, dans la dite somme figure 101 contos soit

1. 21 *février 1887. — Délibération du Comité de tous les porteurs approuvant le traité du 29 décembre 1886.*

« Le Comité institué par les porteurs de l'Emprunt portugais de 1832 a reçu de M. le comte de Reilhac qui en a été précédemment membre et président, des communications relatives à des négociations personnelles entamées avec le Gouvernement portugais.

« Ces négociations ont pour base une classification de titres de l'Emprunt en trois catégories, résultant des diverses époques auxquelles ces titres auraient été acquis. Aux termes du projet communiqué, les secondes et troisièmes catégories se composeraient du plus grand nombre de ces titres réputés acquis postérieurement à l'époque où D. Miguel a cessé d'exercer l'autorité royale et a dû quitter le Portugal, et ces titres indiqués les uns comme illégitimes, les autres comme frauduleux, seraient cependant admis en principe à recevoir une indemnité d'environ vingt-quatre et quinze francs de la Rente portugaise.

« Pour être admis dans la première ou la seconde catégorie et recevoir une part plus considérable d'indemnité que celle que le Gouvernement portugais attribuerait à la troisième, les porteurs devraient justifier par des documents ayant un caractère d'authenticité de la date de l'acquisition. (*Suit ici une protestation en six paragraphes contre les désignations de Titres illégitimes ou frauduleux donnés aux catégories B et C*).

« Le Comité a confiance dans les intentions bienveillantes du Gouvernement portugais et quelle que soit la voie par laquelle il jugera à propos de ménager une solution, il *s'engage en acceptant les avantages que le projet comporte en faveur des deux premières catégories à souscrire toute convention qui par une seule et même opération assurera à la catégorie des titres les moins favorisés par une attribution correspondante à quinze francs de la Rente portugaise.*

« Paris, le vingt et un février mil huit cent quatre-vingt-sept. »

Ont signé tous les commissaires, savoir :

M. BATTAREL, M. PAUL DE TINSEAU, M. SANLOT-BAGUENAULT, M. C. BOUISSOU, MM. DE STEIGER, M. LE Dr MENIÈRE et M. GUINCÈTRE.

Cette délibération a été remise au *Ministre des Affaires Étrangères à Paris,* par MM. BATTAREL et GUINCÈTRE, le 27 février 1887, et copie en a été adressé le 28 février à *M. Billot, Ministre de France à Lisbonne.*

560.000 francs accordés pour récompense des dommages subis par les concessionnaires pendant la guerre civile de 1833-34. Ce qui écarte précisément la fin de non-recevoir principale que le Gouvernement portugais avait opposée dès le principe à la reconnaissance de l'emprunt 1832 comme emprunt d'Etat. Aussi les journaux portugais sont unanimes aujourd'hui à dire que la reconnaissance de cette vieille dette ouvre fatalement la porte à la reconnaissance de l'emprunt D. Miguel tout entier.

Et en effet, devant cette conduite si équitable du Gouvernement portugais envers ses propres nationaux, la grande modération de notre demande actuelle apparaît dans tout son éclat, nous qui acceptons pour en finir à bref délai, une transaction basée presque uniquement sur l'argent que nous avons prêté au Gouvernement actuel du Portugal et qui figure à ses propres budgets de recettes.

C'est pourquoi, Monsieur le Ministre, nous revenons vers vous pleins de confiance, afin que vous veuilliez bien faire connaître au Gouvernement portugais que toutes objections étant levées par **l'accord unanime de tous les porteurs**, nous consentons à accepter, dans l'espoir d'une solution rapide, le projet de traité du 29 décembre 1886, négocié par M. le comte de Reilhac, divisant les titres en catégories A, B, C, suivant l'époque de l'émission et accordant quinze francs de rente portugaise aux titres les moins favorisés.

Nous croyons, en terminant, devoir vous rappeler, Monsieur le Ministre, que nous avons formé une opposition à la cote du dernier emprunt portugais entre les mains de la Compagnie des agents de change. Nous vous demandons très instamment ainsi qu'à Monsieur le Ministre des finances qu'aucun Emprunt portugais ne soit désormais admis à la cote officielle de Paris jusqu'au règlement de cette affaire.

Il n'est pas inutile de rappeler à cet effet qu'avant 1879 aucun emprunt Portugais n'était coté à Paris, et que le premier emprunt qui y a été coté l'a été uniquement en vertu d'une délibération de la Chambre syndicale des agents de change s'appuyant sur le jugement par défaut du 30 août 1879, lequel a été ensuite réformé complètement par celui rendu par le même tribunal le 8 janvier 1880 (1).

Nous avons l'honneur de nous dire, Monsieur le Ministre, vos très obéissants serviteurs.

Paris, le 15 mars 1889.

(Signatures.)

1. Voir page 4.

L'Assemblée Générale des Porteurs réunie le 5 avril 1889, 101, rue Richelieu (salle Lemardelay) représentant environ onze mille titres et ratifiant les *Délibérations du Comité en date du 21 février* 1887, a déclaré, adopter et signer la présente adhésion au Projet de Traité du 29 décembre 1886, comprenant *trois catégories de titres : A, B, C.*

Les personnes non présentes à l'Assemblée et qui désireraient y joindre leurs adhésions, peuvent les envoyer par écrit au Secrétariat de la Commission syndicale, 138, rue Amelot, Paris (M. Battarel, secrétaire).

Les Promoteurs de l'Assemblée,

GAYRARD, EVRARD, BÉDARRIDE.

NOTA. — Les adhésions seront reçues jusqu'au 30 avril au soir.